지은이 크리스 옥스래드

교육용 아동 서적 전문가로, 과학, 기술, 운동, 취미 분야에서 이백 권이 넘는 책을 펴냈어요.
캠핑과 흥미진진한 야외 스포츠를 좋아해서 암벽 등반이나 하이킹, 카약과 요트 타기를 즐겨 합니다.
현재 아내, 아이들, 개와 함께 영국에서 살고 있습니다.

그린이 에바 사신

런던에서 나고 자란 프리랜서 일러스트레이터로, 그림 그리는 일을 늘 사랑하고 있어요.
책에 나온 캐릭터를 독특한 느낌으로 어우러지게 하여 깊이와 흥미를 불어넣는 것을 좋아합니다.

옮긴이 윤성문

한영외고와 고려대학교 경영학과를 졸업했어요. 평소에 어린이 책에 관심이 많아서
틈틈이 번역을 하고 있지요. 번역한 책으로는 〈야생 모험왕〉 등이 있습니다.

2015년 11월 25일 초판 1쇄 발행
글:크리스 옥스래드 | 그림:에바 사신 | 옮김:윤성문
펴낸이:강영주 | 펴낸곳:지에밥 | 디자인:장현순
등록:제2012-000051호(2011.10.20.)
주소:경기도 성남시 분당구 분당로 263번길 68, 104-205
전화:(031)602-0190 팩스:(031)602-0190
E-mail:slchan01@naver.com | 블로그:blog.naver.com/slchan01
ISBN:979-11-85646-15-2 74470
2015 ⓒ Giebap Publishing Co. all rights reserved.

BE A SURVIVOR

Senior Editor: Alice Peebles
Designer: Lauren Woods and collaborate agency
First published in Great Britain in 2015 by Hungry Tomato Ltd
PO Box 181 Edenbridge
Kent, TN8 9DP
Copyright ⓒ 2015 Hungry Tomato Ltd

이 책의 한국어판 저작권은 영에이전시를 통해 Hungry Tomato Ltd 사와의 독점 계약에 의하여 지에밥에 있습니다.
신 저작권법에 의하여 한국 내에서 보호를 받는 저작물이므로 무단 전재와 무단 복제를 금합니다.

※ 책 모서리에 다칠 우려가 있어요. 책을 떨어뜨리거나 던지지 마세요.
※ 잘못된 책은 바꾸어 드립니다.

야생 생존왕

야생에서 과학 찾기

크리스 옥스래드 글 | 에바 사신 그림 | 윤성문 옮김

초등 과학 교과서에서
확인해 보세요.

3학년 1학기 3. 동물의 한살이
3학년 2학기 1. 동물의 생활
4학년 1학기 2. 식물의 한살이
4학년 2학기 1. 식물의 생활
5학년 1학기 3. 식물의 구조와 기능
5학년 2학기 4. 우리 몸의 구조와 기능
6학년 1학기 2. 생물과 환경
6학년 2학기 1. 생물과 우리 생활

야생에서 과학 찾기

야생 생존왕

[지에밥]
glebap

차례

야생에 푹 빠질 시간! 5	동물 잡기 20
	사냥하기와 낚시하기
생존 도구를 살펴봐요 6	
생존에 필요한 도구 세트	야생의 식물 24
	먹을 것 찾기
피신하라! 8	
은신처 만들기	음식 익히기 26
	모닥불로 요리하기
얼음 이글루 10	
눈으로 된 은신처 만들기	SOS! 28
	구조 요청하기
야생에서 보온하기 12	
불 피우기	알고 있었나요? 30
자르기는 이렇게! 16	과학 용어 찾기 32
칼 사용하기	
갈증 해소하기 18	
식수 얻는 법	

야생에 푹 빠질 시간!

날마다 반복되는 일상생활이 지루하다고요? 뭔가 신나는 일이 있었음 좋겠다고요?
그렇다면, 이제 우리 야생의 자연으로 떠나 봐요!
놀라운 자연 경관을 보면서 탐험의 재미도 한 보따리 맛보고,
야생에서 살아남는 방법도 배워 보아요!
그럴 결심을 했다면 이제 컴퓨터를 두고, 게임기도 끄고, 문밖으로 나가야 해요!
그리고 이 책에 나오는 무지무지 즐거운 체험 활동을 해 보는 거예요.
도시에 살더라도 정원이나 동네 공원에서 얼마든지 야생 탐험을 할 수 있답니다.

이 책에는 야생에서 살아남는 데 꼭 필요한 기술이 담겨 있어요.
은신처를 짓고, 불을 피우고, 먹을 물을 찾고, 위급한 상황에서
구조 요청을 하는 방법 들을 배울 수 있지요.

위기 탈출! 야생 안전 수칙

- 어른 없이는 야생 생존 연습을 하지 마세요.
- 이 책에 나와 있는 모든 활동을 하기 전에 우선 어른에게 여쭤 보세요. 특히 물속이나 물 근처, 해안가로 가기 전에는 꼭 여쭤 봐야 해요. 날씨가 나쁠 때나 어둠 속에서 탐험할 때도 먼저 어른에게 여쭤 보는 것을 잊지 마세요.

위기 탈출! 환경 보호 수칙

야생의 자연으로 갈 때에는 항상 환경을 생각하세요. 환경을 생각한다는 말이 무슨 뜻일까요?

- 바위, 동물, 식물에게 절대로 피해를 입히지 않아요.
- 불을 피울 때에는 특별히 신경 쓰고, 떠날 때에는 불이 잘 꺼졌는지 살펴보아요.

생존 도구를 살펴봐요

생존에 필요한 도구 세트

야생에 나가면 자연이 어떤 과제를 줄지 우리는 정확히 알 수 없답니다. 그러니까 배낭에 생존 도구를 챙기는 게 좋지요. 이 책을 읽다 보면 생존 도구를 어느 때 쓰는지 알 수 있을 거예요!

생존 도구 세트 챙기기

야생에서 생존하는 데 필요한 모든 것이 여기에 있어요.

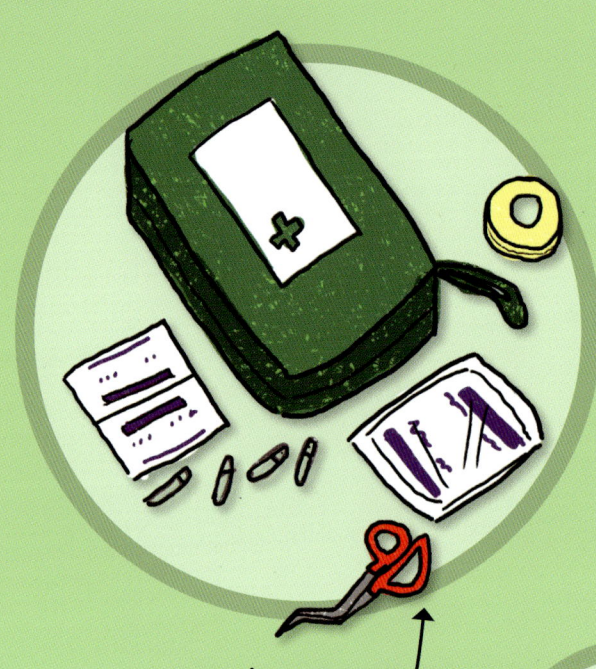

간단한 구급상자
(일회용 반창고, 붕대, 안전핀 등이 들어 있음.)

금속으로 된 작은 통이나 플라스틱 상자 생존 도구 세트를 담을 만한 것

작은 거울

호루라기

휴대용 줄
(강도가 세게 만들어진 줄)

주머니칼
(반드시 어른에게 여쭤 보고 사용하세요.)

연필과 몇 장의 종이

부시*와 부싯돌

***부시** 부싯돌을 쳐서 불이 일어나게 하는 쇳조각

구조를 기다려야 할 때 몸을 따뜻하게 해 줄 응급용 발열 담요

방수 성냥

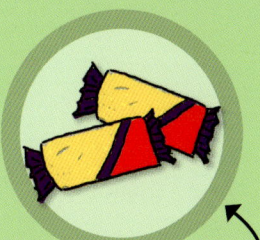
초코바 같은 비상식량

나침반

손전등

낚싯줄과 낚싯바늘

위기 탈출! 두려움과 싸우기

절박한 위기 상황에서 다른 사람과 달리 침착할 수 있다면 생존 확률도 높아져요.

- 될 수 있으면 마음을 진정시키고 정신을 수습해 보아요.

- 침착하게 결정을 하세요. 예를 들면 위험한 강을 건너지 않는 것 등이에요.

- 최악의 상황에 대비하되, 최선의 상황에 대한 희망을 가지세요.

- 어떤 상황에도 포기하지 마세요!

피신하라!

거미 텐트

은신처 만들기

야생에서 날씨는 지독한 적이 될 수 있답니다. 바람과 비는 우리를 춥고 축축하게 만들고, 강한 햇빛은 우리를 지치게 만들지요. 다행히도, 그런 요소들뿐 아니라 야생 동물들을 피할 만한 은신처를 만드는 것은 그리 까다롭지 않아요.

어흥, 나는 사나운 곰이다!

기대어 지은 은신처
가장 간단한 것

1. 땅에서 약 1미터 위에 가지가 있는 나무를 찾으세요.

2. 약 2.5미터 길이의 나뭇가지를 찾으세요. 나무의 몸통과 가지 사이에 있는 브이(V) 자에 찾아온 나뭇가지의 한쪽 끝을 올려놓으면 은신처의 윗막이가 된답니다.

은신처를 어디에 지을까?

은신처는 어디에라도 지을 수 있지만, 언덕 꼭대기같이 명백히 날아가기 쉬운 장소나 시냇물 바로 옆이나 구덩이같이 물에 떠내려가기 쉬운 곳은 피하는 것이 좋아요.

3. 여러 개의 나뭇가지를 가져와서 윗막이 양쪽에 기대어서 땅으로부터 각을 세워 지지대를 만드세요.

4. 낙엽이나 잎이 달린 작은 나뭇가지로 지지대에 옷을 입히세요.

5. 은신처가 더 아늑해지도록 마른 잎들을 바닥에 깔아 놓으세요.

6. 발부터 안으로 폭 들어가세요.

에이(A) 자 은신처

은신처를 지탱해 줄 나무를 찾기 힘든가요? 그렇다면 그 대신에 가까이에 있는 막대기를 이용하거나 텐트 모양의 은신처를 지탱할 2개의 틀을 사용해 보세요.

1. 1.5미터 길이의 막대기 한쪽 끝에서부터 약 25센티미터 되는 지점에 휴대용 줄의 끝을 묶으세요. 위 그림에서 보듯이 클로브 히치 매듭으로 묶습니다.

2. 다른 막대기를 처음 것 옆에 놓습니다.

4. 두 막대기를 돌려 묶은 줄 사이로 휴대용 줄을 2번 단단히 감으세요.

5. 두 번째 막대기 주위에 줄의 끝을 다시 클로브 히치 매듭으로 묶어요.

6. 이제 다 됐어요! 막대기의 끝을 벌려서 에이(A) 자 모양으로 잡아당깁니다.

3. 두 막대기를 줄을 약 10번 정도 돌려서 묶되, 너무 꽉 묶지는 마세요.

친구를 묶을 때에는 항상 허락을 받아야 해!

얼음 이글루

눈으로 된 은신처 만들기

눈이 올 때 야생에서는 간단한 바람막이를 만들거나 눈 자체를 이용해서 이글루까지 만들 수 있어요. 어려운 일이 될 수도 있고, 몇 시간이 걸릴 수도 있겠지만, 공을 들일 만한 가치가 있지요. 이글루는 북극의 이누이트 족(에스키모)이 만든 전통적인 임시 거처랍니다.

눈으로 바람막이 만들기

1. 플라스틱 상자에 눈을 채워 넣고 발로 단단하게 밟아 눈으로 된 벽돌을 만듭니다.

2. 눈 벽돌 몇 개를 가지런히 놓아서 낮게 둥글려진 벽을 만듭니다. 바람이 불어오는 방향에 벽의 바깥쪽이 가도록 합니다.

3. 눈 벽돌로 두 번째 층을 만들어 벽이 더 높아지도록 합니다. 쭈그리고 앉으면 바람을 피할 수 있을 만큼의 높이로 충분히 층을 쌓습니다. 틈이 있으면 눈으로 채워 줍니다.

이글루 은신처 만들기

1. 눈 위에 지름 1미터 가량의 원을 그립니다.

2. 눈으로 된 벽돌을 만들고(10쪽 1 참고), 원 주위로 벽을 쌓으세요. 문으로 사용할 틈은 남겨 두어야 합니다. 이전에 지은 바람막이 벽에서부터 시작해도 좋아요.

3. 더 많은 눈 벽돌로 다른 층을 더 쌓으세요. 주의할 점은, 눈 벽돌을 약간 각도를 주어 쌓아서 벽이 약간 기울어지도록 하는 거예요.

위기 탈출! 이글루 안전 수칙

이글루를 너무 크게 만들면 안 돼요. 눈 벽돌은 매우 무거워서 이글루가 무너졌을 때 여러분이 갇히게 될지도 모른답니다.

4. 눈으로 된 벽돌을 4층이나 5층쯤 쌓았을 때에는 도와줄 사람이 필요해요. 눈 벽돌을 제자리에 놓을 때 안에서 잡고 있어야 하거든요.

5. 이글루 지붕에 있는 구멍을 메꾸어 줄 뚜껑용 벽돌을 올려놓고 틈이 있으면 눈으로 채워 주세요.

6. 이글루 입구를 터널 모양으로 만들면 더 훌륭한 이글루가 완성된답니다.

얼음, 얼음 비버!
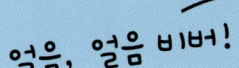

야생에서 보온하기

불 피우기

불은 야생에서 생명을 지켜 줍니다. 추울 때 몸을 따뜻하게 해 주고, 음식을 요리할 수 있게 해 주며, 어둠을 밝혀 주고, 야생 동물들을 쫓아 주거든요. 불을 처음 지필 때에는 연료와 열과 공기 중 산소가 필요하답니다.

위기 탈출! 불 피우기 안전 수칙

불을 피우기 전에는 장소가 정원이든 야생이든 상관없이, 항상 어른에게 여쭤 보아야 해요. 날씨가 너무 건조할 때에는 불을 피워서는 안 돼요. 그리고 통제할 수 없을 정도로 불을 크게 피워서도 안 되지요.

불에 꼬리가 닿지 않도록 해야 해요!

불 지피기

1. 나무에서 충분히 떨어진 곳에 불 피울 장소를 정합니다. 바닥을 깨끗이 청소하고, 나중에 복구할 수 있을 정도만 잔디를 베어 냅니다.

2. 불이 잘 붙는 물질과 불쏘시개와 연료를 준비하세요(그림 참고).

불이 잘 붙는 물질 / 불쏘시개

3. 잘 마르고 죽은 나무로 바닥을 깐 다음, 작은 원뿔형으로 불쏘시개를 놓고, 밑에는 불이 잘 붙는 물질을 가지런히 놓으세요. 성냥으로 불이 잘 붙는 물질에 불을 붙이세요.

4. 타기 시작하면 불이 잘 붙는 물질을 더 추가하고 거기에 불쏘시개도 더 넣으세요.

5. 불을 잘 보고 있다가 연료를 계속 넣어 줍니다.

6. 불을 끈 뒤 자리를 비우기 전에 불이 꺼졌는지, 재가 차가워졌는지 항상 확인하세요. 그 자리를 청소하고 베어 낸 잔디를 복구하세요.

깃털 막대 만들기

여러분이 피운 불을 계속 유지시킬 작은 불쏘시개가 주위에 없다면 깃털 막대를 만드세요.

1. 약 1센티미터 두께의 바싹 마른 나무 막대를 찾아서 가장자리를 따라서 나무 조각을 칼로 더 벗기면, 막대가 깃털같이 올라올 거예요.

2. 깃털 막대를 여러 개 만들어서 급히 불을 피울 경우에 쓸 수 있도록 준비하세요.

안전 제일!

칼을 사용하는 일은 초보자에겐 매우 위험해요. 칼 사용 안전 수칙에 대한 도움말은 16쪽에 있어요.

불이 잘 붙는 물질

불 피우는 연료

불을 계속 유지하려면, 다음과 같은 것이 필요해요.

불이 잘 붙는 물질: 매우 잘 타는 솜털 같은 물질(예 마른 잔디)
불쏘시개: 잔가지와 작은 나무 조각 등
연료: 나무 막대기와 통나무 등

네가 피운 불을 쬘 수 있게 해 주다니 참 친절하구나!

성냥 없이 불 피우기

성냥을 연못에 빠뜨렸다면 어떻게 할까요? 낙심하지 마세요! 성냥 없이도 불을 피울 수 있으니까요.

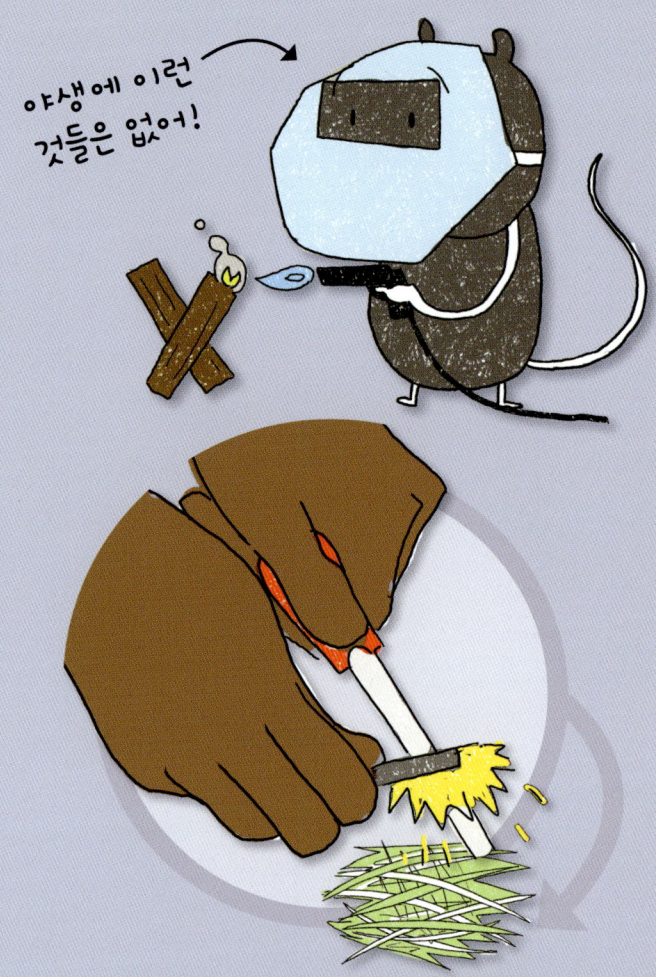

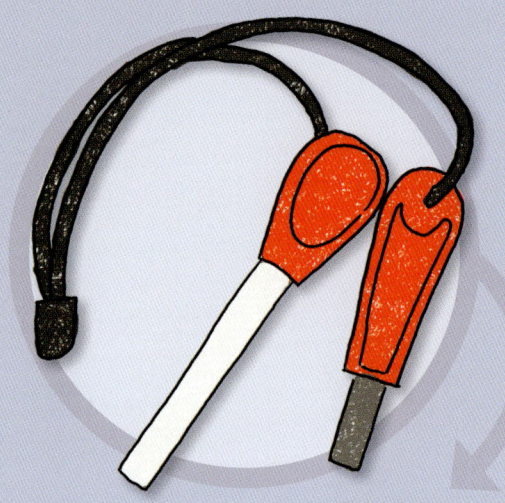

1. 부시와 부싯돌은 마그네슘 금속 조각과 강철의 치는 부분으로 구성되어 있어요.

2. 부시와 부싯돌로 마른 잔디에 불을 붙이려면 마른 잔디에 부싯돌을 올려놓고, 부시를 그 위에 밀착시켜, 불꽃이 일도록 내려 긁어요. 마른 잔디에 불이 붙을 때까지 계속 반복합니다.

3. 마른 잔디에서 일단 연기가 나면 가만히 입김을 불어서 불꽃을 만들어 냅니다. 그런 다음에 불쏘시개를 마른 잔디 위에 놓으면 불이 유지될 수 있지요.

4. 덥고 햇빛이 강한 날에는 돋보기로 불을 피울 수도 있어요. 마른 잔디에서 연기가 날 때까지 태양 광선의 초점을 모으세요. 그런 다음 앞에서처럼 입김을 불어 주면 된답니다.

마찰로 불 피우기

이 불 피우기 방법은 수천 년 전에 고안되었어요. 실제로 하기는 까다롭지만, 한번 해 봐요!

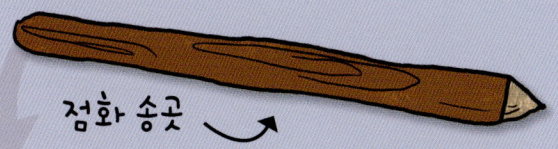
점화 송곳

1. 약 50센티미터의 곧은 나뭇가지로 점화 송곳을 만드세요. 한쪽 끝은 뾰족하게 깎고 나머지는 둥글게 깎으세요.

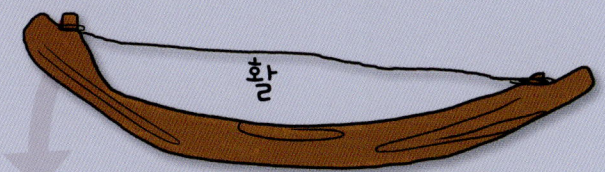
활

2. 휘어진 가지와 휴대용 줄 또는 강한 끈으로 활을 만듭니다. 줄은 팽팽해야 하지만 여유가 전혀 없지는 않게 합니다.

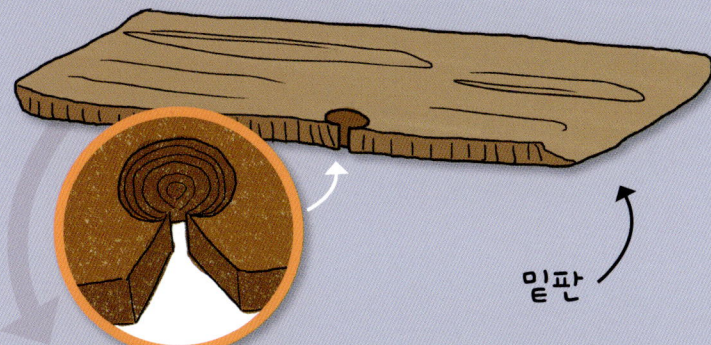
밑판

3. 나무로 된 밑판의 가장자리에 약 2센티미터 깊이로 삼각형 모양의 칼집을 냅니다.

4. 활의 줄로 점화 송곳을 한 번 감아 줍니다. 송곳의 뾰족한 부분이 밑판의 칼집에 들어가게 합니다.

오목한 돌

5. 점화 송곳의 윗부분을 오목한 돌(약간 움푹 들어간 돌)로 누릅니다.

6. 불을 피울 준비가 되었나요? 활을 앞뒤로 빨리 움직입니다. 얼마 후에 밑판의 칼집에서 검은 가루가 나오고, 나무에는 불에 그을린 구멍이 생깁니다.

7. 활을 단계적으로 조금씩 더 빨리 움직여 봅니다. 그러면 점화 송곳에서 연기가 날 거예요. 계속 빨리 움직이면 가루가 쌓인 데에서 연기가 나옵니다.

8. 불쏘시개 더미 위로 그것을 옮기고 입으로 가만히 불어 주면 불꽃이 생깁니다.

자르기는 이렇게!

칼 사용하기

야생에서는 주위에 있는 나무 조각으로 여러 가지 도구를 만들어 써야 해요. 그래서 칼이 필요하고 그것을 잘 다룰 줄 알아야 하지요.

주머니칼

칼집

위기 탈출! 칼 사용 안전 수칙

칼을 사용하기 전에는 항상 어른에게 여쭤 보고, 칼을 휴대하는 것과 관련해 그 지역의 법을 확인해야 해요. 칼을 쓰지 않을 때에는 접거나 칼집에 넣어 두어야 합니다.

주머니칼 안전하게 사용하기

1. 이것이 안전하게 칼을 잡는 방법이에요. 이렇게 앞으로 잡는 방식은 자르기를 할 때 힘 있게 아래로 밀어 깎을 수 있도록 해 줍니다.

2. 막대기에 칼집을 내려면, 먼저 바닥에 앉아요. 칼과 막대기를 무릎 앞쪽에 오도록 하고, 몸 바깥쪽으로 칼을 향하게 해서 자릅니다. 다 사용한 후에는 칼을 접거나 칼집에 넣는 것을 잊지 마세요.

3. 더 깊이 자르거나 더 단단한 나무를 자르기 위해서는 나무 몸통이나 통나무 위에 막대기를 놓으세요. 나머지는 위와 똑같은 방법이 적용됩니다. 언제나 몸 바깥쪽으로 칼을 향하게 해서 자릅니다.

지팡이 만들기

1. 두께 약 2센티미터, 길이 약 1.5미터인 나뭇가지를 찾아요. 더 긴 것밖에 찾을 수 없다면 어른에게 끝을 톱으로 잘라 달라고 부탁하세요.

2. 한쪽 끝에서 가까운 부분을 비스듬하게 깎으세요. 끝을 뾰족하게 하기 위해서 더 많이 깎으세요. 한 번이나 두 번 크게 깎기보다는 미세하게 여러 번 깎는 것이 좋습니다.

3. 다른 쪽 끝도 비슷하게 칼로 자르세요. 단, 이번에는 끝이 뭉뚝한 모양이 되도록 합니다.

4. 양쪽 가장자리를 따라 칼집을 내 주면 지팡이를 장식할 수 있지요. 칼집을 낼 때 지팡이를 나무 몸통이나 통나무에 놓고, 각도를 주어 얇은 칼집을 내고, 그다음에 다른 방법으로 칼날에 각도를 주면 다른 칼집이 만들어집니다. 잘라 낸 나무 쓰레기는 치워 주세요.

갈증 해소하기

식수 얻는 법

우리는 물이 없으면 살 수 없어요. 그런데 야생에서는 몹시 목이 마를 때 근처에 강이나 시내가 없을 수도 있으므로 물 얻는 법을 알아 두어야 하지요.

위기 탈출! 식수 찾기 안전 수칙

야생에서는 물을 찾더라도 먼저 멸균을 하고(특별한 약품을 넣든지 끓이든지 해서) 마셔야 해요. 소금물을 마셔서는 안 되지요. 특별한 경우가 아니라면 절대로 소변을 마셔서도 안 된답니다.

나뭇잎에서 식수 얻기

식물의 잎에서 항상 증발하고 있는 물을 얻어 낼 수 있답니다.

물을 멸균하기 전 벌레 제거하는 것을 잊지 마세요.

1. 나무나 관목의 가지 끝에 깨끗한 비닐봉지를 조심해서 올려놓아요. 봉지의 목을 닫고 끈으로 헐겁게 묶습니다.

2. 몇 시간을 기다린 후, 봉지를 관찰해 보세요. 봉지 아래로 물이 고여 있는 것을 볼 수 있을 거예요.

풀에서 식수 얻기

새벽에 풀에서 이슬을 모아 보세요. 다리에 수건을 묶은 다음 풀 주위를 걸으면 됩니다. 그리고 나서 수건을 짜면 물이 얻어지지요.

태양으로부터 식수 얻기

태양 자체로부터 나오는 물은 아니지만, 태양 에너지를 이용해서 물을 얻는 것이랍니다.

1. 햇볕이 잘 드는 곳을 찾아서, 땅으로부터 약 30센티미터 깊이의 구덩이를 파세요. 구덩이의 중앙에 접시나 다른 용기를 놓습니다.

2. 신선한 나뭇잎 몇 개를 구덩이 안에 넣고 비닐로 구덩이를 덮어 보세요. 구덩이 가장자리에 돌을 얹어서 비닐이 제자리에 고정될 수 있도록 합니다. 그리고 작은 돌을 비닐 가운데 놓아서 가운데가 약간 처지도록 합니다.

3. 몇 시간을 기다린 뒤 용기 안을 보세요. 물이 얻어졌나요?

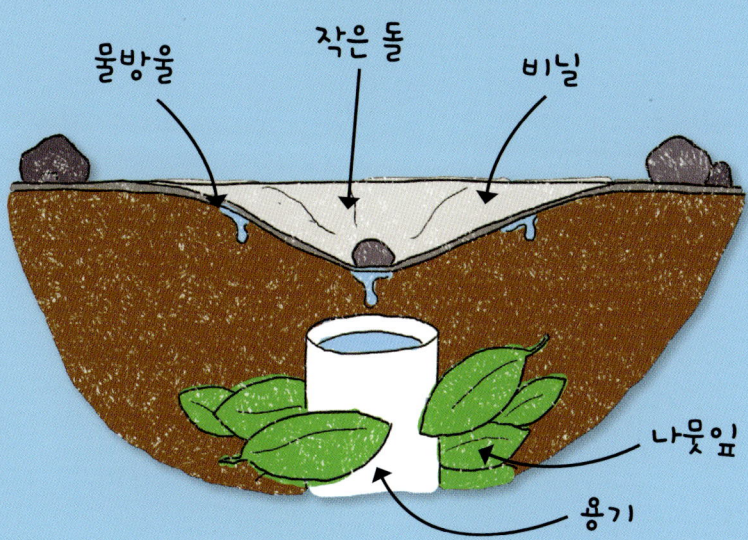

개구리로부터 식수 얻기

생사를 오가는 응급 상황이라면 개구리의 몸에서도 물을 얻을 수 있어요. 이 방법은 전문가의 감독이 가능한 때에만 시도하세요. 그리고 생사를 다투는 아주 위급한 경우에만 사용해야 한답니다.

1. 모든 개구리로부터 식수를 얻을 수는 없지만, 호주 서부에 사는 일부 개구리는 몸속에 물을 담고 있어요. 이 개구리들은 보통 땅을 파는 개구리들이지요.

2. 개구리를 부드럽게 비틀어 짜요. 접시나 입에 직접 물을 받을 수 있도록 준비합니다.

빗물 모으기

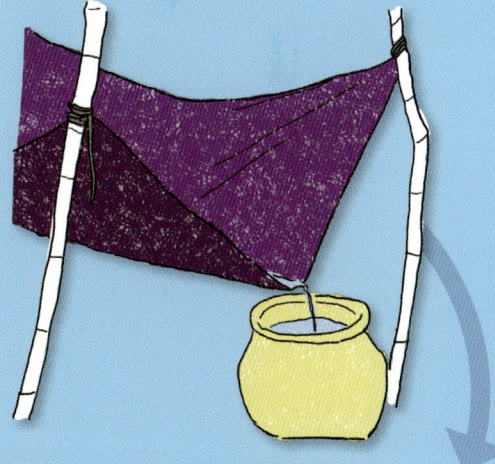

빗물로 식수를 얻을 수도 있어요. 먼저, 비닐 가장자리를 나뭇가지에 묶는데 한쪽을 다른 한쪽보다 낮게 해요. 비가 오면, 물이 비닐에 고일 것이고, 아래 용기를 두어 그것을 받으면 된답니다.

19

동물 잡기

사냥하기와 낚시하기

은신처를 짓고 어느 정도의 물을 얻고 불도 피웠다면, 이제 할 일은 뭔가를 먹는 것이에요. 하지만 진짜 생존을 위한 상황이 아니라면 어떤 동물도 잡지 마세요!

먹어서는 안 되는 것!

텔레비전에서 익히지 않은 생선과 꿈틀거리는 벌레, 징그러운 곤충을 먹는 생존 전문가를 본 적이 있을 거예요. 하지만 여러분은 전문가가 아니므로 이것들을 먹으면 안 돼요. 특히, 아래의 개구리와 벌레처럼 밝은 색을 띤 동물을 먹으면 절대 안 된답니다. 왜냐하면 독성이 있을지도 모르니까요.

우리를 먹지 마! 우리는 독이 있어!

페트병 물고기 덫 만들기

1. 1.5리터 페트병의 윗부분을 잘라 내세요.

2. 잘라진 페트병 윗부분을 뒤집어서 병 아랫부분 안에 넣으세요.

3. 음식물 찌꺼기와 벌레 같은 미끼를 병 안에 넣어요.

4. 물고기 덫을 몇 시간 동안 물속에 넣어 두고 살펴보세요. 물고기가 들어 있나요?

새총 만들기

생존을 위한 상황에서 사냥을 하기 위해 사용할 수 있는 도구예요. 따라서 동물이나 사람에게 재미로 발사해서는 안 됩니다.

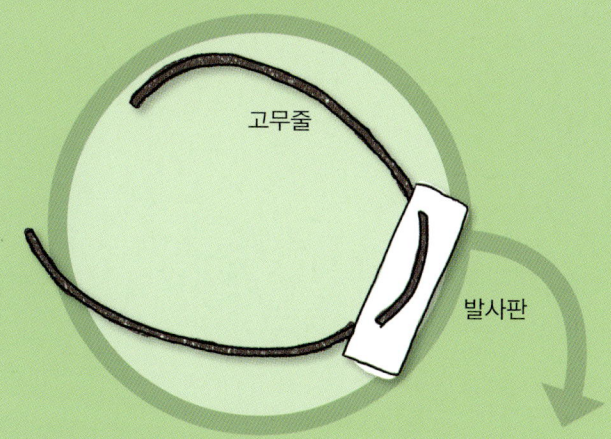

1. 그림과 같이 깔끔한 와이(Y) 자 모양의 나뭇가지를 찾아보세요. 나뭇가지는 두께가 최소한 1센티미터는 되어야 합니다.

2. 약 20센티미터 길이의 와이(Y) 자 모양 나무 조각이 되도록 칼이나 톱으로 끝부분을 잘라 내세요.

4. 약 12센티미터 길이의 나일론이나 가죽으로 된 발사판을 준비하세요. 양쪽 끝에서 약 2센티미터 되는 지점에 구멍을 뚫습니다.

5. 이제 약 60센티미터 길이의 두껍고 탄성이 있는 고무줄이 필요합니다. 발사판의 구멍에 고무줄을 끼워 넣습니다.

6. 칼집이 있는 와이(Y) 자 윗부분 양쪽 끄트머리를 고무줄 끝부분으로 매세요.

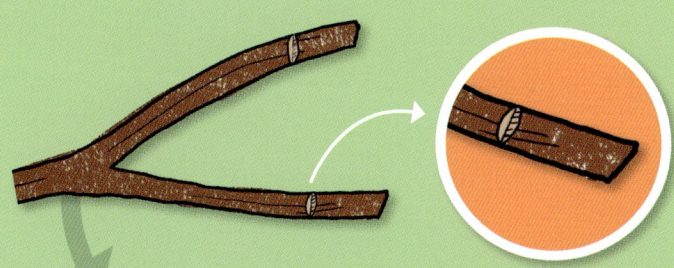

3. 와이(Y) 자 윗부분 양쪽 끝에 약 2센티미터 가량의 얕은 칼집을 만드세요.

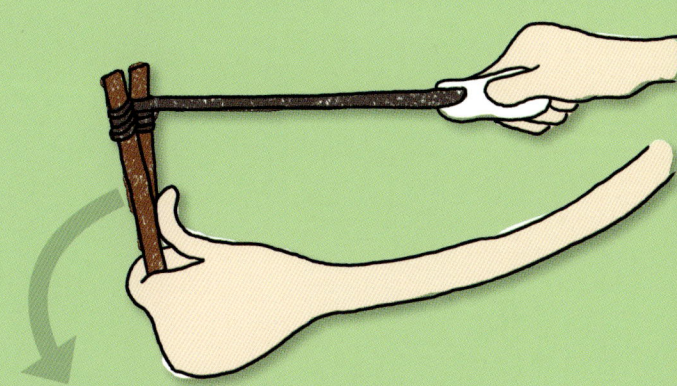

7. 새총을 쏘는 방법은 간단합니다. 먼저 발사판 중앙에 작은 돌을 올려놓고, 발사판을 통해 돌을 잡은 다음, 발사판을 뒤로 당겨 표적을 겨누고 발사하세요!

이건 예상보다 강력한걸!

낚싯대 만들기

1. 최소 2미터 길이의 구부러지는 막대기를 찾아보세요. 갓 자른 대나무 장대라면 완벽합니다. 더 얇은 쪽 끝에 작은 칼집을 냅니다.

2. 칼집을 낸 막대의 얇은 쪽 끝에 2미터 정도의 끈을 묶어요.

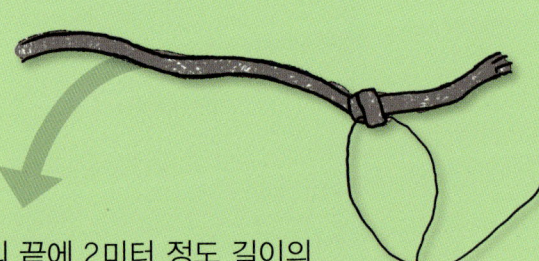

3. 끈의 끝에 2미터 정도 길이의 낚싯줄을 추가해요. 끈과 낚싯줄을 잇기 위해서는 낚싯줄의 끝을 두 겹으로 겹쳐서 원 모양으로 묶으세요. 그런 다음 끈으로 그것을 동그랗게 묶어 줍니다.

4. 자, 이제 아래 그림과 같이 꽈배기 매듭으로 낚싯바늘을 낚싯줄로 묶어 주세요.

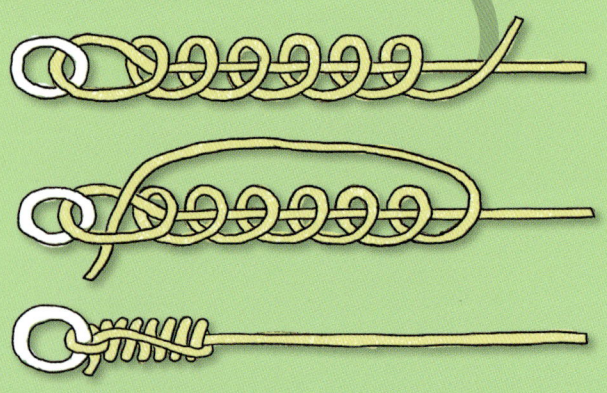

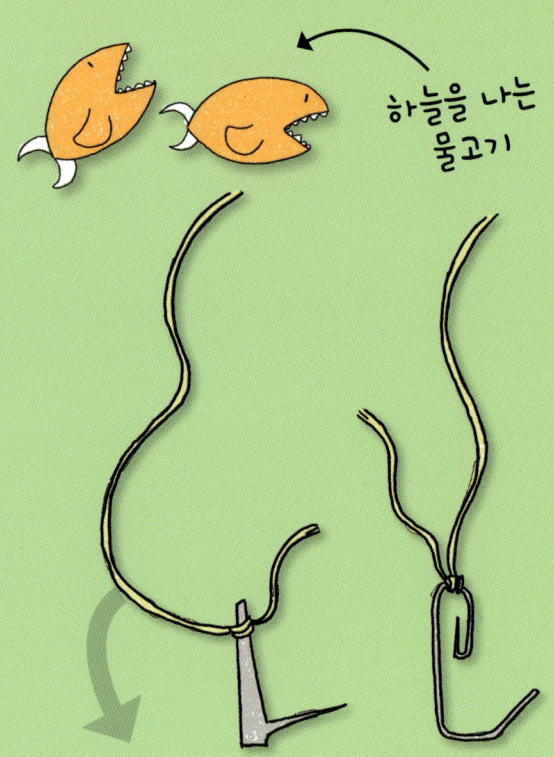

하늘을 나는 물고기

5. 낚싯바늘이나 낚싯줄이 없더라도 실망하지 마세요! 클립이나 산사나무같이 뾰족뾰족한 식물에서 나온 가시로도 만들 수 있답니다.

6. 어떤 종류의 끈이라도 낚시에 이용해 볼 수 있어요. 줄이나 면사, 울, 심지어는 신발끈을 이용할 수도 있지요.

7. 미끼로는 음식 찌꺼기나 물속에 사는 작은 물고기 모양의 물체를 이용할 수 있어요.

8. 낚싯바늘과 미끼를 물에 늘어뜨려 놓습니다. 이제 인내심을 가지고 기다리세요. 줄이 꿈틀거리면 재빨리 낚싯대를 당겨서 물고기를 낚습니다.

물고기를 잡았다면 어떻게 할까?

당황하지 마세요! 손을 물에 적시고 물고기를 단단히 잡되 너무 꽉 잡지는 마세요. 물고기의 입에서 낚싯바늘을 조심스럽게 제거하고, 물고기는 다시 물로 돌려보냅니다. 생존을 위해서가 아니라면 항상 물고기는 놓아주세요.

낚시, 안전 수칙과 법규

반드시 어른과 함께 낚시하러 가고, 깊고 차갑고 물살이 빨라 보이는 곳에서는 낚시를 하면 안 됩니다. 또한 날카로운 바늘을 조심하세요. 미늘(작은 갈고리)이 없는 바늘을 사용하세요. 그래야 미늘이 있는 바늘보다 물고기와 손가락을 쉽게 빼낼 수 있어요. 낚시에 관한 법규를 잘 확인하세요. 낚시를 하는 데 면허가 필요한 곳도 있답니다.

침 낚시

1. 물 위에 서서 앞에 있는 물속에 침을 뱉으세요.

2. 티셔츠를 준비하고 있다가 침 쪽으로 온 물고기를 잡아 올리세요. 간단하지요?

손으로 낚시하기

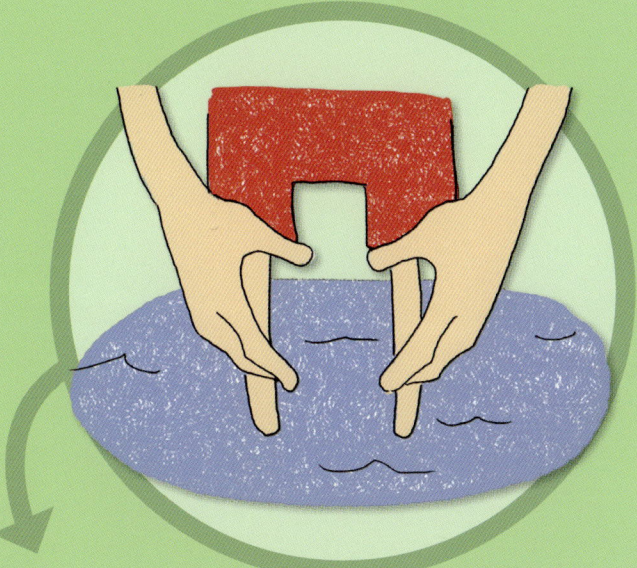

1. 최대 30센티미터 깊이의 얕은 물속에 아주 조용히 서 있으세요. 손은 움푹하게 모으세요.

2. 물고기가 가까이 오기를 기다렸다가 천천히 손을 물고기 주위로 가져가 휙 잡으세요!

야생의 식물

먹을 것 찾기

물고기나 다른 동물 이외에도 야생에는 다양한 식물들이 있어요. 식물을 찾는 것은 동물을 잡는 것보다 훨씬 쉽답니다! 여러분이 먹을 수 있는 맛있는 산딸기류나 견과류, 잎채소 들이 있는지 찾아보아요.

위기 탈출! 먹을 것 찾기 안전 수칙

어른들이 여러분에게 먹어도 된다고 한 식물의 부위가 아니면 절대 먹어서는 안 돼요. 대부분의 식물은 먹어도 안전하지만, 독성이 있어서 먹으면 안 되는 식물들도 많으니까요. 버섯 종류는 특히 위험해요. 전문가의 도움을 받았을 때에만 채취하세요.

산딸기류와 견과류 채취

산딸기류와 견과류는 야생에서 구할 수 있는 좋은 에너지원이에요.

1. 블랙베리, 빌베리, 크랜베리는 모두 먹을 수 있습니다. 생으로 먹거나 모닥불 위에 냄비를 올려놓고 거기에 그것들을 졸여서 먹을 수도 있습니다.

2. 생으로 먹을 수 있는 개암이나 밤 같은 견과류도 찾아보아요. 도토리도 채취할 수 있는데, 이건 쓴맛이 없어질 때까지 물에 넣고 여러 번 끓여야 한답니다.

빌베리

블랙베리

크랜베리

개암

도토리

밤

스스스스~습 맛있겠다!

잎채소 따기

잎을 먹는 것을 이상하게 생각할 수 있지만, 어떤 허브와 잎채소들은 샐러드의 좋은 재료가 되어요. 여러분도 야생에서 먹을 수 있는 비슷비슷한 잎들을 찾을 수 있을 거예요.

→ 민들레

1. 민들레, 산시금치, 쐐기풀의 잎을 찾아보세요. 물가에서 미나리를 찾을 수 있다면 그것도 먹을 수 있답니다.

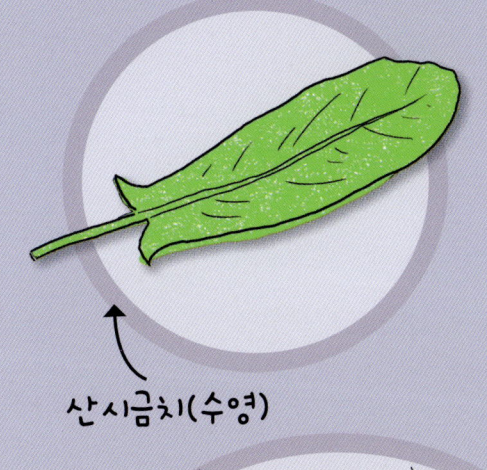
↑ 산시금치(수영)

↑ 쐐기풀

2. 쐐기풀로 맛있는 차를 만들 수 있어요. 다치지 않도록 장갑을 끼고, 어린 잎을 따세요. 깨끗한 물로 잎을 씻어 줍니다.

3. 끓는 물이 담긴 냄비에 잎을 넣고 물이 약간 파랗게 될 때까지 몇 분 동안 끓여 주세요. 마시기 전에 물을 좀 식히세요. 끓이면 쐐기풀의 톡 쏘는 맛이 사라지니까 걱정하지 마세요!

앙, 블랙베리를 벌써 다 먹어 버렸네!

그렇다고 나를 먹지는 마! 내가 보라색이긴 하지만 블랙베리는 아니니까!

음식 익히기

모닥불로 요리하기

야생에서 먹을 것을 발견했다면 불을 피워서(12쪽 참고) 음식을 요리하세요. 불로 요리하는 것은 집에서 있는 음식을 가지고 먼저 연습해 보아요.

냄비 지지대 만들기

가열할 수 있도록 불에 주전자를 매다는 방법과 냄비에서 물을 정화시키는 방법을 알아볼까요?

1. 끝이 갈라진 막대기나 가지를 찾아보세요. 끝을 짧게 만들어서 막대기를 약 50센티미터 길이로 만들어 줍니다. 다른 끝은 뾰족하게 만듭니다.

2. 피워 놓은 불 근처 땅속에 막대기를 꽂아 보세요. 하지만 너무 가까이 꽂으면 막대기에 불이 붙을 수도 있으니 주의하세요.

3. 약 1.5미터 길이의 다른 막대기를 찾아보세요. 주위에 있는 잔가지는 다 쳐 내고, 막대기의 얇은 끝에서부터 약 2센티미터 정도 지점에 깊은 칼집을 내 줍니다.

4. 긴 막대기를 지지대로 고정시키는데, 한쪽 끝은 땅에 내려놓고 다른 쪽 끝은 불 위쪽에 갈 수 있도록 해요. 충분한 높이에 있어야 불에 타지 않으니 이 점을 유의하세요. 통나무나 큰 돌로 막대기를 고정시킵니다.

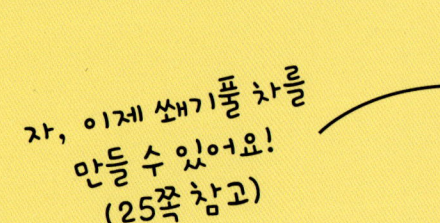
자, 이제 쐐기풀 차를 만들 수 있어요! (25쪽 참고)

5. 칼집에 주전자를 매달아서 조심스럽게 불 위에 올려 주세요.

포일로 요리하기

이 방법으로, 여러분이 피운 불에 감자나 다른 채소를 요리할 수 있어요.

1. 감자나 고구마 같은 것을 포일로 싸서 불 속에 던져 넣으세요. 불꽃에 손이 데지 않도록 멀리서 하세요.

2. 감자나 고구마가 익을 수 있도록 30분 정도 놔둡니다. 막대기를 이용해서 그것을 불 밖으로 굴려서 꺼내고 어른들에게 포일을 벗겨 달라고 하세요.

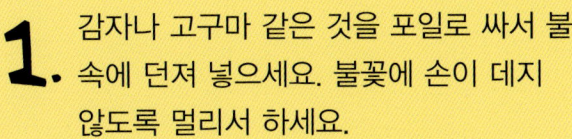

요리용 꼬챙이 만들기

꼬챙이에 끼울 수 있는 음식은 어떤 거라도 불 위에서 요리할 수 있어요. 마시멜로나 소시지, 각종 채소가 그런 음식이지요.

1. 26쪽에서 설명한 지지대 만들기 1단계를 실행하세요.

2. 얇은 녹색 막대기를 찾은 다음 껍질을 벗겨 내서 요리용 꼬챙이를 만드세요.

벌레는 익히더라도 찜찜하겠지?

3. 더 긴 막대기에 꼬챙이를 붙여 두 개를 끈으로 묶어 보세요. 꼬챙이에 음식을 끼워 음식이 불 위에 오도록 지지대 위에 막대기를 얹어 놓습니다.

나는야, 생존형 요리사!

SOS!

준비되기 전까지는 불을 붙이지 마!

구조 요청하기

야생을 탐험할 때에는 구조 요청하는 방법을 알아야 해요. 휴대 전화에 신호가 잡히지 않을 수 있으니까요. 그리고 휴대 전화를 강물에 빠뜨릴 수도 있어요. 하지만 진짜 위급 상황이 아니라면 절대 구조 요청을 하면 안 되지요.

불로 신호 보내기

길을 잃고 고립되었다면 언덕 위에 있는 빈터에 구조를 요청하는 불을 피우세요.

1. 먼저 불을 피우기 위해 필요한 만큼의 연료를 모읍니다. 그리고 불을 붙일 준비가 됐으면 불을 피웁니다(12쪽 참고).

2. 단, 경계를 단단히 해야 해요. 도와줄 사람이 눈에 보일 때에만 불을 피우세요. 낮이라면 불에 푸른 잎이 붙은 가지를 넣으면 연기를 더 잘 피울 수 있답니다.

3. 일단 구조되면 불부터 끄는 것을 잊지 마세요.

일광 반사 신호 보내기

태양광을 이용해 신호를 보내기 위해선, 생존 도구 세트 안에 들어 있는 거울을 '일광 반사 신호기'로 사용하세요.

1. 지표면을 향하는 태양 광선이 퍼질 수 있도록 일광 반사 신호기를 잡으세요 (태양 광선을 반사시키기 위해서 깡통이나 안경을 이용할 수도 있습니다.). 일광 반사 신호기를 상하좌우로 기울여 신호 보내는 지점을 움직일 수 있도록 연습해 봅니다.

2. SOS 신호라는 것을 알리려면, 항공기에 짧게 3번, 길게 3번, 다시 짧게 3번, 이런 순서로 신호를 보내세요.

지상 신호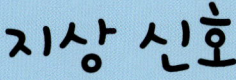

통나무와 나뭇가지로 하늘에서
볼 수 있는 모양을 구성해
땅 위에 신호를 만들어 놓습니다.

땅에서 하늘로 보내는 신호

이것은 국제적으로 합의된 신호여서 세계 어느 곳에서든지 두루 쓰일 수 있을 거예요.

- I = 심각한 부상(Serious injury)
- F = 음식과 물이 필요함(Need food and water.)
- A = 예(Yes)
- N = 아니요(No)
- X = 움직일 수 없음(Unable to move.)
-  = 이 방향으로 가고 있음(Moving this way.)
- LL = 괜찮음(All is well.)

1. 하늘에서 볼 수 있는 넓게 열린 공간을 찾으세요.

2. 나뭇가지를 이용해 가능한 한 크게 신호를 만드세요. 신호는 낙엽 쌓인 숲에서 나뭇잎을 치워서 만들 수도 있고, 눈 쌓인 곳에서 눈을 띄엄띄엄 치워서 만들 수도 있습니다.

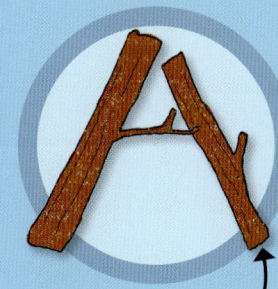
예(Yes)

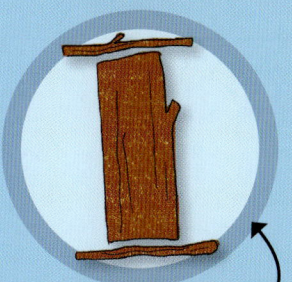
심각한 부상(Serious injury)

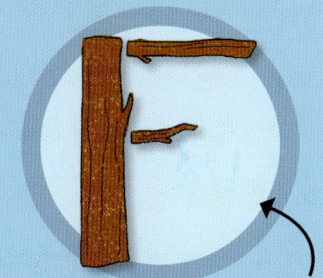
음식과 물이 필요함(Need food and water.)

아니요(No)

움직일 수 없음(Unable to move.)

이 방향으로 가고 있음(Moving this way.)

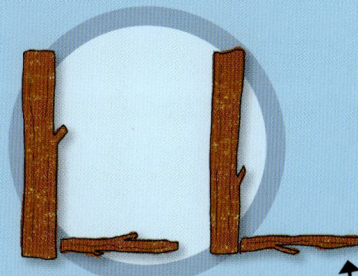
괜찮음(All is well.)

알고 있나요?

★ 인간은 최소한 백만 년 전부터 불을 피우는 방법을 찾아냈어요. 이처럼 오래전에 불을 피웠던 흔적이 남아프리카의 동굴에서 발견되었답니다.

★ 얼음에서도 불을 피울 수 있어요! 먼저 아주 깨끗한 얼음판을 찾아 볼록 렌즈 모양으로 만듭니다. 그것으로 불이 잘 붙는 물질에 햇빛을 모아 주기만 하면 된답니다.

★ 빈 음료 깡통을 사용해서 불을 피울 수도 있어요. 불이 잘 붙는 물질에 햇빛을 모아 주는 데 접시 모양의 바닥을 이용하면 됩니다.

★ 연소의 3대 조건을 알고 있나요? 그것은 불이 계속 유지되는 데 필요한 3가지를 말합니다. 연료와 공기 중 산소, 그리고 열이 바로 그것이지요.

★ 약 15,000년 전에 유럽에서 사냥과 채집을 하며 살던 인류가 매머드의 뼈로 지붕이 둥근 모양의 집을 지었답니다.

★ 역사상 가장 큰 이글루는 2011년 캐나다의 모험 스포츠 회사가 만들었어요. 지름은 9.3미터이고, 눈으로 된 벽돌 2,500장이 들어갔답니다.

★ 2003년에 에런 랠스턴이 미국 유타 주에 있는 협곡을 등반하던 도중에, 아주 큰 바위가 떨어져 팔이 끼게 되었어요. 며칠 뒤 그는, 자신이 살기 위해서는 주머니칼로 그의 팔을 잘라 내는 방법밖에 없다는 걸 깨닫게 되지요. 〈127시간〉 이라는 영화는 그의 지독한 경험을 바탕으로 만들어진 것입니다.

★ 영국의 산악인 조 심프슨은 안데스 산맥을 등반하다가 넘어져서 다리가 부러졌어요. 그리고 갈라진 틈으로 미끄러져 들어갔지요. 지독히 아픈 상태에서 먹을 것도 물도 없이 지냈지만 결국 기어서 안전한 곳으로 나왔답니다. 나흘이나 걸려서 말이에요.

★ 알렉산더 셀커크는 1704년 태평양의 한 무인도에 홀로 남겨지게 되었어요. 그는 4년 반 동안 거기서 생존하다가 구조가 되었지요. 〈로빈슨 크루소〉는 셀커크의 모험을 기초로 만들어진 소설이랍니다.

★ 건강하게 지내려면 하루에 2리터의 물을 마셔야 해요. 이건 컵으로 꽉 채웠을 때 8잔 정도랍니다. 날씨가 덥거나 체력 소모가 많은 운동을 했을 경우라면 더 많은 물을 마셔야 하지요.

★ 자신의 소변으로 연명하면서 생존을 했던 사람들도 있어요. 그렇지만 이것은 최후의 수단이니까 가능한 한 하면 안 돼요!

★ 새총이나 투석기*는 1888년에 공기를 넣어 부풀리는 타이어가 발명된 후 대중적인 장난감이 되었어요. 어린이들은 낡은 타이어의 고무 튜브를 새총의 고무줄로 사용했지요.

*투석기 무거운 돌을 날려 보내던 옛날 무기

★ 인도가 원산지인 협죽도는 현존하는 식물 가운데, 가장 독성이 강하답니다. 이 식물의 나뭇잎과 꽃잎에는 치명적인 화학 성분을 포함되어 있어요.

★ 1894년에 미군 병사들은 거울로 태양광을 반사시켜 메시지를 전했는데, 두 언덕 사이의 거리는 무려 295킬로미터나 되었답니다.

안 돼! 다시는 안 할래!

과학 용어 찾기

ㄱ

개구리 19~20
거울 28, 31
견과류 24
기대어 지은 은신처 8
깃털 막대 13
꼬챙이 27

ㄴ

낚시하기 20, 22~23
낚싯대 22
냄비 지지대 26

ㄷ

독성이 있는 동물 20
독성이 있는 식물 24, 31
동물 잡기 20

ㅁ

먹을 것 찾기 24~25
모닥불로 요리하기 26~27

ㅂ

부싯돌과 부시 7, 14
불 피우기 12~13
불로 신호 보내기 28

ㅅ

산딸기류 24
새총 만들기 21, 31
생존 도구 세트 6~7
성냥 없이 불 피우기 14
식물 채취 24~25
식수 18~19
쐐기풀 차 25

ㅇ

알렉산더 셀커크 31
에런 랠스턴 30
SOS 28~29
에이(A) 자 은신처 9
은신처 만들기 8~11, 30
이글루 10~11, 30
일광 반사 신호 28
잎채소 25

ㅈ

조 심프슨 31
주머니칼 7, 16
지상 신호 29
지팡이 만들기 17

ㅊ

침 낚시 23

ㅋ

칼 사용 안전 수칙 16

ㅌ

투석기 31

ㅍ

페트병 물고기 덫 20

ㅎ

확대경 14